DEBUT D'UNE SERIE DE DOCUMENTS
EN COULEUR

CULTE COLLECTIF

DES

Sept Saints de Bretagne

PAR

J. TRÉVÉDY

ANCIEN PRÉSIDENT DU TRIBUNAL CIVIL DE QUIMPER
VICE-PRÉSIDENT HONORAIRE DE LA SOCIÉTÉ ARCHÉOLOGIQUE DU FINISTÈRE
VICE-PRÉSIDENT DE LA COMMISSION HISTORIQUE ET ARCHÉOLOGIQUE
DE LA MAYENNE.

*Extrait du Bulletin de la Société archéologique
du Finistère.*

QUIMPER
M. LE BRAS, libraire,
rue Kéréon.

RENNES
MM. PLIHON et HERVÉ,
5, rue Motte-Fablet.

1901.

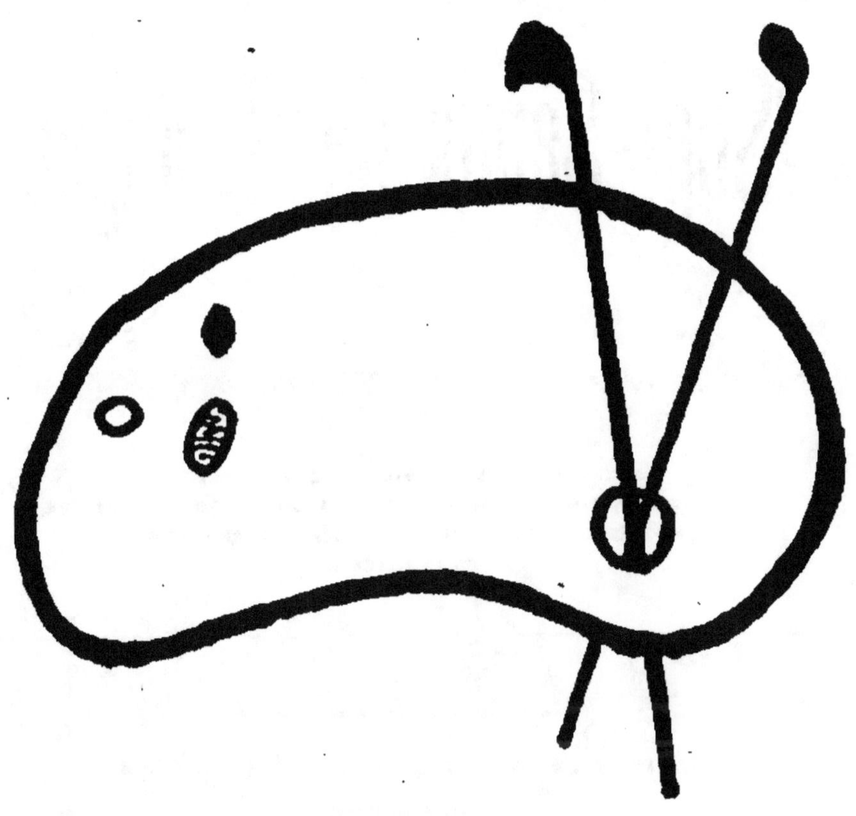

FIN D'UNE SÉRIE DE DOCUMENTS
EN COULEUR

CULTE COLLECTIF

DES

Sept Saints de Bretagne

PAR

J. TRÉVÉDY

ANCIEN PRÉSIDENT DU TRIBUNAL CIVIL DE QUIMPER
VICE-PRÉSIDENT HONORAIRE DE LA SOCIÉTÉ ARCHÉOLOGIQUE DU FINISTÈRE
VICE-PRÉSIDENT DE LA COMMISSION HISTORIQUE ET ARCHÉOLOGIQUE
DE LA MAYENNE.

*Extrait du Bulletin de la Société Archéologique
du Finistère.*

QUIMPER
M. LE BRAS, libraire,
rue Kéréon.

RENNES
MM. PLIHON et HERVÉ,
5, rue Motte-Fablet.

1901.

Cette étude fait suite au mémoire **LES SEPT SAINTS DE BRETAGNE & LEUR PÈLERINAGE.**

(Association Bretonne 1897. — Saint-Brieuc, Prud'homme 1898).

CULTE COLLECTIF
DES SEPT-SAINTS DE BRETAGNE. (1)

Au nois de juin 1897, l'*Association bretonne* tenait son congrès à Rennes. Il lui fut présenté un mémoire sur les *Sept-Saints de Bretagne et leur pèlerinage*. L'auteur déplorait l'oubli de cette « dévotion » et même des noms de nos Sept-Saints ; et, à titre de réparation envers ces apôtres et fondateurs de la nation bretonne en Armorique, il émettait trois vœux :

1° Qu'à l'exemple de la cathédrale de Quimper, les sept églises, stations principales de l'antique pèlerinage, aient une *memoria* sinon un *autel* des Sept-Saints ;

2° Que les chapelles gardant encore le nom des *Sept-Saints* ou celles qui seront reconnues comme ayant eu ce vocable reprennent le vocable des *Sept-Saints de Bretagne*, et aient une *memoria* des Sept-Saints ;

3° Que dans les églises ou chapelles dédiées à l'un des Sept-Saints, le souvenir des six autres soit associé à celui du patron par une *memoria* quelconque, fût-ce une simple inscription portant le nom des *Sept-Saints de Bretagne*.

L'*Association bretonne* accueillit ce mémoire : en le publiant, elle fit *siens* les vœux qui lui étaient soumis (2).

Le 9 août dernier, l'église de Saint-Patern à Vannes a vu consacrer le *trône de saint Patern*, un édicule au lieu le plus apparent de l'église, en face de la chaire, avec les statues des Sept-Saints de Bretagne, saint Patern au milieu et les six rangés à droite et à gauche.

On semble croire à Vannes que cette *memoria* de l'église saint Patern est la première et la seule existant en Bretagne. C'est une illusion. Voici la vérité :

---

(1) Les pages qui suivent ont été lues au *Congrès de l'Association bretonne* tenu à Châteaulin en septembre 1900.

(2) *Les Sept Saints de Bretagne et leur pèlerinage*, par J. Trévédy. Bull. de l'*Association bretonne*, année 1897. — Brochure. St-Brieuc, Prudhomme. 1893.

Au dernier siècle, seule peut-être (1) des stations du célèbre pèlerinage, la cathédrale de Quimper avait un autel dédié aux *Sept-Saints de Bretagne*. Cet autel fut détruit en 1793. L'église en gardait le souvenir, ravivé en 1877 par un archéologue quimpérois (2). L'église de Quimper gardait aussi la mémoire des Sept-Saints célébrés par le P. Maunoir. Il y a quinze ans, Mgr Nouvel, de pieuse mémoire, occupait le siège de Saint-Corentin. L'évêque avait une dévotion particulière aux Sept-Saints, dont cinq, aimait-il à dire, « étaient protecteurs de son diocèse. »

En 1885, continuant l'œuvre de ses deux prédécesseurs, Mgrs Graveran et Sergent, Mgr Nouvel entreprit la restauration de la chapelle absidale, où se célèbre chaque jour la messe capitulaire. Pour toutes les raisons que je viens de dire, le pieux évêque voulut rappeler le souvenir des Sept-Saints. Et, comme on me l'écrivait de Quimper, « ils sont bonne figure peints en émail sur le rétable de l'autel, où ils se présentent en cet ordre : Corentin, Tugdual et Brieuc, Paul-Aurélien, Samson et Malo, Patern ».

Voilà ce qui s'est fait à Quimper quinze ans avant la consécration du monument de saint Patern.

Après l'exemple donné à Quimper, l'éloquent orateur qui prit la parole à la fête de l'inauguration du *trône de saint Patern* était-il fondé à féliciter le clergé de Saint-Patern « d'avoir reçu l'heureuse inspiration de perpétuer le souvenir du *Tro-Breiz* (3) dans un monument durable ? »

Dirai-je d'ailleurs qu'avant de « perpétuer ce souvenir », il fallait le raviver, presque le ressusciter. La *memoria* de Quimper n'avait pas fait ce miracle. On l'avait bien vu aux grandes fêtes de Saint-Pol-de-Léon à l'automne de 1897.

Pendant des siècles, la vénérable cathédrale a vu passer les pèlerins des Sept-Saints ; or, en célébrant l'un des Sept,

---

(1) Je dis *peut-être*, car ce serait bien invraisemblable. Ainsi, il est de tradition à Saint-Brieuc que les images des Sept-Saints étaient dans le porche de la Cathédrale, dont les niches sont vides. (Cf. de la Villerabel, *A travers le vieux Saint-Brieuc*, p. 41-42).

(2) Le Men, *Monographie de la Cathédrale*, n° 110, p. 189 et suivantes.

(3) *Tour de Bretagne*, nom breton du pèlerinage.

Paul-Aurélien, pas un orateur n'a songé aux Sept-Saints, et n'a dit un mot de leur pèlerinage !

A ce moment, les vœux émis par l'*Association bretonne* n'étaient pas encore imprimés. Le silence unanime gardé sur nos Sept-Saints à Saint-Pol n'a-t-il pas démontré que ces vœux avaient quelque utilité ?

Que n'avons-nous encore au milieu de nous notre éminent et cher président de la Villemarqué ! Avec quelle joie il avait vu les Sept-Saints peints au rétable de l'église de Quimper ! Avec quelle joie il eût appris l'inauguration de l'édicule de Saint-Patern ! C'est lui-même qui, en 1892, avait conseillé l'étude du pèlerinage des Sept-Saints. Mais en écoutant ou en lisant le discours prononcé à Saint-Patern, dévoué comme il était à tout ce qui touchait à l'*Association bretonne*, peut-être aurait-il demandé : « Est-ce que l'*Association bretonne* ne serait pas pour quelque chose dans cette résurrection du souvenir collectif des Sept-Saints se produisant à Saint-Patern ? »

Quelle que soit la réponse à cette question peut-être indiscrète, nous félicitons de tout cœur le clergé de Saint-Patern de l'œuvre qu'il a accomplie ; mais il devra reconnaître que le premier souvenir consacré de nos jours aux Sept-Saints dans une des stations de leur pèlerinage, c'est le rétable de la cathédrale de Quimper (1).

Enfin, voilà le mouvement parti de Quimper suivi à Vannes ; il ne faut pas qu'il s'arrête : à chacun de nous, Bretons, de *pousser à la roue !*—C'est ce que, pour ma faible part, je vais essayer.

Reprenons les vœux émis par l'*Association bretonne*, en 1897.

———

Voici le premier : « Qu'à l'exemple de la cathédrale de
« Quimper — (nous sommes heureux d'ajouter : et de Saint-
« Patern de Vannes) — les sept églises, stations principales

---

(1) Le clergé de Saint-Patern ne connaissait pas sans doute le rétable de Quimper. C'est un peu de ma faute : je l'avais mentionné, d'un mot seulement, dans le mémoire lu au Congrès de Rennes et que je portai à M. le curé de Saint-Patern, lors du Congrès de Vannes en 1893. — En novembre 1896, j'avais présenté à la *Société archéologique du Finistère* un premier mémoire sur le *Pèlerinage des Sept-Saints*, qui fut imprimé en 1897.

« du pèlerinage, aient une *memoria* sinon un *autel des Sept-*
« *Saints de Bretagne.* »

En lisant le discours de Vannes, j'attendais à chaque
alinéa que l'orateur indiquât le motif qui devait déterminer
chaque église, station de l'ancien pèlerinage, à en renouveler le souvenir. Or, ce motif qui n'a pas été dit, le voici :

C'est que chacun des diocèses actuels a pour patrons (1)
plusieurs des Sept-Saints. Les indications : *diocèses de Quimper*
et Léon, — *Saint-Brieuc et Tréguier,* — *Rennes, Dol et Saint-*
Malo sont insuffisantes, j'allais dire erronées. Elles expri-
ment simplement que ces diocèses comprennent les rési-
dences épiscopales anciennes ; elles ne disent pas comment
les anciens évêchés ont contribué à la formation des nouveaux. Cette composition a un grand intérêt au point de vue
du culte des Sept-Saints : c'est pourquoi il faut la rappeler.

Quand Nominoé laissa la Bretagne réunie sous sa puis-
sante main, elle était partagée en neuf évêchés : Nantes,
Rennes, gallo-romains, sous la métropole de Tours, —
Vannes, Cornouaille, Léon, Tréguier, Saint-Brieuc, Saint-
Malo, évêchés bretons suffragants de Dol.

Disons ici que, si Dol étendait sa suprématie métropoli-
taine sur toute la Bretagne de Nominoé, son diocèse était
le moindre des sept. Il se composait d'une partie compacte
autour de la ville, comprenant seulement 42 paroisses (depuis
archidiaconé de Dol), — et de 45 paroisses enclavées dans
les diocèses de Saint-Malo (22), de Saint-Brieuc (12), de
Tréguier (7), de Rennes (3), de Léon (1).   (2)

---

(1) Le mot *patrons* est pris ici au sens de *protecteurs*, comme disait
Mgr Koavel.

(2) J'emprunte ces renseignements aux *Anciens Évêchés de Bretagne,* t. I.
Introduction, p. LVII. — Les savants auteurs ont omis trois enclaves au
diocèse de Rennes : Rimou, Saint-Remi-du-Plain et La Fontenelle (aujour-
d'hui canton d'Antrain). Ce qui semble plus singulier. Dol avait quatre
paroisses enclavées au diocèse de Rouen (aujourd'hui Evreux) : St-Samson
de la Roque, St-Samson-sur-Risle, Contreville et Le Marais-Vernier (aujourd'hui canton de Quillebœuf, arr. de Pont-Audemer, Eure). Ces quatre
paroisses, dons de Childebert à saint Samson, formaient sous le nota de la
première, une seigneurie vendue par les évêques de Dol seulement au dernier siècle. — Cf. M. de la Borderie. *Annuaire historique et archéologique*
de Bretagne, 1862, p. 181. — *Histoire de Bretagne.* T. I, p. 327, 333, 522.

'Or, si Dol a perdu son titre de métropole en 1199, après des débats qui ont persisté trois siècles, cette division ecclésiastique de la Bretagne a duré presqu'un millénaire, jusqu'en 1792.

Le décret du 26 février 1790 avait partagé l'ancienne Bretagne en cinq départements : le décret du 12 juillet 1792 régla que chacun de ces départements formerait un diocèse. Les quatre évêchés de Saint-Pol, Tréguier, Saint-Malo et Dol étant supprimés, leurs territoires furent à distribuer entre les départements du Finistère, des Côtes-du-Nord, du Morbihan et d'Ille-et-Vilaine ; d'autre part, les limites des trois diocèses subsistants furent modifiées pour s'accommoder aux limites des départements.

Un seul ancien diocèse entra tout entier dans un des nouveaux. C'est Léon qui fut englobé dans Quimper.

Tréguier fut partagé entre Quimper (pour un cinquième environ) et Saint-Brieuc.

Saint-Malo fut partagé inégalement entre Saint-Brieuc, Vannes et Rennes.

Dol fournit quelques paroisses (est de la Rance) à Saint-Brieuc : le reste de son territoire *compact* passa à Rennes. Les enclaves de Dol en Saint-Malo, Saint-Brieuc et Tréguier furent réparties entre Saint-Brieuc et Quimper ; les trois enclaves en Rennes restèrent en Rennes ; enfin, l'unique enclave en Léon passa naturellement à Quimper avec Léon.

Ajoutons : 1° que la division en départements fit perdre à Saint-Brieuc (vers son angle sud) quelques paroisses qui furent comprises dans le Morbihan (Vannes) ; réciproquement, quelques paroisses, un peu à l'ouest des premières, passèrent de Vannes à Saint-Brieuc en entrant dans les Côtes-du-Nord ;

2° Quimper céda à Saint-Brieuc la pointe nord-est du diocèse venant jusqu'auprès de Quintin (Le Leslay), en vue de la Manche et à seize kilomètres de la ville épiscopale de Saint-Brieuc, vaste territoire auquel la tradition garde encore le nom de Cornouaille ;

3° Les cantons de Gourin et du Faouët (pour partie) passèrent de Quimper à Vannes ; mais vers le sud la limite de

Quimper fut ramenée de la rivière de Pont-Aven à l'est de Quimperlé. Enfin, vers l'est, le territoire de Redon (à peu près le canton actuel), passa à Rennes.

De ce qui précède, il résulte : 1° que le diocèse actuel de Vannes a des paroisses de Cornouaille, Saint-Brieuc et Saint-Malo;

2° Que le diocèse de Quimper comprend tout l'ancien évêché de Saint-Pol et des paroisses de Tréguier, Vannes et même Dol ;

3° Que Saint-Brieuc a des paroisses de Tréguier, Vannes, Cornouaille, Saint-Malo et Dol.

4° Que l'ancien diocèse gallo-romain de Rennes s'est augmenté de paroisses de Saint-Malo, Dol et Vannes.

D'où suit : 1° que le diocèse de Vannes a aujourd'hui pour patrons, outre saint Patern, trois des Sept-Saints : Corentin, Brieuc et Malo ;— 2° Quimper, outre saint Corentin, a pour patrons saint Paul, saint Patern, saint Tugdual et saint Samson (cinq des Sept-Saints) ; — 3° Saint-Brieuc a pour patrons les Sept-Saints, moins saint Paul-Aurélien ; — 4° Rennes a pour patrons les saints Malo, Samson et Patern.

Pardonnez cette minutieuse et ennuyeuse nomenclature. Elle m'a paru utile : rien ne montre mieux la convenance pour chaque diocèse du culte collectif et de la *memoria* collective en chaque église principale des Sept-Saints de Bretagne.

Voilà ce que j'avais à dire en faveur du premier vœu de l'*Association bretonne.* Passons aux deux autres.

.·.

Voici le second : « Que les chapelles gardant encore le « nom des *Sept-Saints....* reprennent le vocable des *Sept-* « *Saints de Bretagne*, et aient une *memoria* des Sept-Saints. »

La première partie de ce vœu n'a pas, je crois, été bien comprise : je vais l'expliquer.

Nos Sept-Saints de Bretagne ont eu un malheur : ils ont été trop populaires. Les Bretons les considérant comme leurs Saints par excellence, les nommaient les *Sept-Saints*, sans ajouter *de Bretagne*. Cette abréviation qui, pendant des

' siècles, ne donnait lieu à aucune confusion, a fini par être fatale à la vérité.

L'Eglise ne consacra aux Sept-Saints de Bretagne ni un office collectif ni une fête commune. Leur culte collectif était purement privé, mais populaire, et le pèlerinage en était la manifestation. Or, un jour, le pèlerinage cessa. Alors se produisit ce fait : pendant que l'Eglise continuait à honorer chacun des Sept-Saints de Bretagne, la liste des Sept sortit de la mémoire, sauf pourtant à Quimper où leurs statues avec leurs noms gardaient leur souvenir.

Mais le souvenir des Sept-Saints, sans l'addition des mots *de Bretagne*, restait ; et c'est ici qu'apparaît l'inconvénient de l'abréviation. La piété, avec plus de zèle que de science, s'ingénia à chercher des saints dont les noms pussent être raisonnablement rapprochés de manière à former une liste de *sept*, bretons ou non. Le titre de *Sept-Saints* n'imposait pas des choix exclusivement bretons.

Toutefois, certaines paroisses adoptèrent des saints bretons honorés chez elles ou dans leurs environs : (1) — d'autres à des saints bretons ajoutèrent quelques saints étrangers à la Bretagne, comme à Erquy et Yffiniac, près de Saint-Brieuc ; — d'autres enfin adoptèrent sept étrangers, des frères inscrits au martyrologe romain, comme les sept fils de sainte Félicité Romaine ou de sainte Symphorose (autrefois à Brest et encore aujourd'hui à Locmaria-an-Hent, (Saint-Yvi, arrondissement de Quimper), comme les sept Frères-Dormant d'Ephèse (au Vieux-Marché). (2)

Nous avons nommé Yffiniac et Erquy. Ces deux paroisses ont une chapelle gardant le vocable des *Sept-Saints* (3) : celle d'Yffiniac était près de la voie romaine passant d'Yffiniac à Carhaix, celle d'Erquy non loin de la voie venant de

---

(1) Des légendes ayant cours aux bords de l'Oust et vers l'embouchure de la Rance font des listes de sept saints bretons honorés dans les paroisses du voisinage. Historiquement ces listes sont préférables à des listes de frères étrangers ou à des listes mélangées de saints étrangers ; elles gardent mieux le souvenir des Sept-Saints de Bretagne.

(2) La chapelle est dite souvent en Plouaret. La commune du Vieux-Marché, où elle se trouve aujourd'hui, n'a été créée qu'en 1866.

(3) La chapelle des Sept-Saints d'Yffiniac est souvent placée en Plédran : elle touche le bois de Plédran ; mais elle est à l'extrême limite d'Yffiniac.

Corseul à Reginea.

Il paraît que la liste des Sep-Saints était la même dans les deux paroisses avant la reconstruction de la chapelle d'Erquy, vers 1869 (1). Voici cette liste : Pabu (nom populaire de Tugdual), Lubin, Méen, Armel, Guénolé, Jacut et Cado.— La liste comprend un seul des Sept-Saints de Bretagne, Tugdual, de Tréguier ; elle n'admet pas Brieuc, si près du siége épiscopal de Saint-Brieuc, et elle donne place à saint Lubin, né à Poitiers, évêque de Chartres, absolument étranger et bien inconnu en Bretagne.

Quelques années avant 1869, la chapelle d'Erquy, dite *Notre-Dame-des-Croix-Sept-Saints*, a été reconstruite sur ses antiques fondations (2) ; mais à la liste que nous avons donnée, Mgr David, alors évêque de Saint-Brieuc, en a substitué une autre : — Brieuc, Tugdual, auxquels étaient dues les deux premières places ; Briac, Efflam, Maudez, auxiliaires de Tugdual dans sa conquête apostolique embrassant toute l'ancienne Domnonée, — Guillaume, le dernier évêque breton canonisé, une des gloires du siége de Saint-Brieuc et la gloire de Saint-Alban, lieu de sa naissance, qui n'est pas loin d'Erquy, — saint Yves, la gloire de Tréguier.

Personne ne soupçonnera l'érudit Mgr David d'avoir voulu dresser une liste de nos Sept-Saints de Bretagne. C'est la *Semaine religieuse*, à laquelle j'emprunte cette liste, qui se méprend quand elle nomme ces sept saints, à titre égal apparemment, « nos premiers pasteurs et nos pères dans la foi ». Ces épithètes qui conviennent à saint Brieuc et à saint Tugdual, premiers apôtres et réputés fondateurs des deux évêchés de Saint-Brieuc et Tréguier, ne conviennent pas à saint Guillaume et à saint Yves, postérieurs de plusieurs siècles ; et Mgr David, en prononçant le panégyrique des Sept avait très nettement distingué les mérites des uns et des autres.

Mais la réforme de la liste primitive n'a pas été acceptée à la chapelle dite de *Saint-Laurent des Sept-Saints* à Yffiniac.

---

(1) Je trouve ce renseignement dans la *Semaine religieuse de Saint-Brieuc*, 1868. N° 41, p. 646.

(2) *Semaine religieuse de Saint-Brieuc*. 1869. N° 42, p. 561,

L'ancienne liste subsiste; et « Yffiniac a, dit-on, cette gloire de bon aloi de n'avoir que des Bretons dans sa litanie, sauf saint Lubin qui se trouve là par *droit de cité* sans doute » (1). J'avoue ne pas bien comprendre; j'aurais cru que le saint qui devrait être à Yffiniac par *droit de cité*, c'était saint Brieuc : il était là chez lui !

Et le religieux correspondant de la *Semaine* défend, non sans vivacité, les Sept-Saints d'Yffiniac. Leur cause est entendue et gagnée.... et pour une bonne raison : c'est que personne ne les attaque ! Nous ne les signalons pas comme usurpateurs des places dues aux Sept-Saints de Bretagne ; nous ne demandons pas qu'ils soient « traités en intrus et honteusement chassés du sanctuaire ». Mais nous disons qu'une liste qui ne comprend pas saint Brieuc et qui comprend saint Lubin n'est pas une liste de saints bretons ; — nous disons que, supposé saint Brieuc prenant la place de saint Lubin, la liste ne sera pas encore la liste des *Sept-Saints de Bretagne;* nous ne protestons pas (cela ne nous regarde pas) contre la composition de la liste réformée à Erquy et maintenue à Yffiniac (2). Nous demandons seulement que la chapelle reprenne le vocable des *Sept-Saints de Bretagne*, et qu'une inscription rappelle leurs noms et leur titre *collectif* dans la chapelle qui, originairement, leur fut consacrée (3).

---

(1) *Semaine*.... de 1878, n° 11, p. 616.

(2) J'ai eu la curiosité de chercher par quelle raison saint Lubin avait pu obtenir un culte officiel à Yffiniac.

Saint Lubin est le patron des hydropiques, des faiseurs de chandelles, des déchargeurs de vin à Rouen. Ce n'est pas tout. A Paris, les tapissiers faisaient sa fête le 16 août, à saint Paul, pendant que les ferronniers, « vendeurs de la vieille ferraille », le fêtaient à Saint-Leuffroy. Les tapissiers le fêtaient de nouveau le 16 septembre à Saint-Paul. (Cf. *Le curieux Calendrier des Confréries de Paris*, édité par l'abbé V. Dufour. 1875). — On ne devine pas comment un de ces patronages si divers a pu donner à saint Lubin « droit de cité » à Yffiniac.

(3) On a paru élever un doute sur ce point. *Semaine*. .. 1878. loc. cit. Mais ce n'est pas le lieu de le démontrer. — Un mot seulement :

Avant la presque reconstruction de la chapelle en 1850-51, on lisait au-dessus de la porte principale la date *1631*. C'était la date d'une reconstruction, puisque la chapelle est mentionnée dans des actes de 1664 et 1673 (archives des Côtes-du-Nord), sous le nom de chapelle de *Saint-Laurent des Sept-Saints*. Elle avait « assemblées et pardon tout le mois de mai, le 10 août, jour saint Laurent, et le premier dimanche d'octobre ». (Comptes

Sur la seconde partie de ce second vœu, la *memoria*, une courte explication.

Nous entendons par ce mot un *monument* quelque simple qu'il soit, fût-ce une *inscription*, mais consacré aux *Sept-Saints de Bretagne exclusivement*. — Deux exemples me feront comprendre.

Allez à *Notre-Dame-d'Espérance* à Saint-Brieuc (1), vous verrez aux vitres de la nef les images de nos Sept-Saints ; mais elles ne sont pas seules et juxtaposées ; elles sont emmêlées avec celles d'autres saints et distribuées en quatre vitres du côté nord et trois du côté midi.

Visitez le tombeau de saint Yves admirablement restauré dans la cathédrale de Tréguier : nos Sept-Saints sont là ; mais en compagnie de plusieurs autres saints bretons.

Ni Notre-Dame-d'Espérance, ni l'église de Tréguier n'ont une *memoria* des Sept-Saints de Bretagne.

.·.

Un mot sur le troisième vœu :

« Que dans les églises ou chapelles dédiées à l'un des « Sept-Saints le souvenir des six autres soit associé à celui « du patron, par une *memoria* quelconque, fût-ce une simple « inscription portant les noms des Sept-Saints. »

---

du trésorier. 1701-1776). (Mêmes archives).

Ce pardon qui durait tous le mois de mai, et reprenait le 1er dimanche d'octobre, ne rappelait-il pas le souvenir du pèlerinage qui, sur la fin, se faisait surtout à la Pentecôte (mois de mai) et à la Saint-Michel (29 septembre ?) C'est d'autant plus croyable que, d'après le registre paroissial, « il y avait là, autrefois, grand pèlerinage, et on y venait de très loin. »

En 1833, méconnaissant ces souvenirs anciens et se préoccupant surtout de la fête de saint Laurent, on avait fixé la fête patronale au dimanche le plus prochain du 10 août. Depuis, préoccupé des anciens souvenirs que rappelle le titre de *Sept-Saints* on a songé à revenir à la date des derniers siècles, 1er dimanche d'octobre ; mais ce jour est consacré à la fête du Rosaire ; en 1830, la fête a été fixée au dernier dimanche de septembre, jour très bien choisi qui rappelle l'ancien pèlerinage au jour saint Michel, et qui sera quelquefois, comme en cette année 1901, le jour même de saint Michel.

Je donne ces détails pour montrer comment les chapelles des Sept-Saints ont été transférées à de nouveaux patrons.

(1) Église fondée le 25 mars 1851 (jour de l'Annonciation). Voir *Notice sur Notre-Dame-d'Espérance*, pages 7 et 128 à 183.

Cela me paraît, si j'ose le dire, aller de soi. Associer les autres saints au patron nominal de l'église, ce sera augmenter les honneurs de ce patron..... Un exemple me fera comprendre.

Nombre de chapelles sont dédiées à saint Tugdual, dit saint Pabu, *le père*. Il est ordinaire au jour du pardon de prêcher sur le saint. Dire qu'il évangélisa le pays, c'est bien; mais il y a mieux à faire: parler aux yeux des visiteurs chaque jour de l'année. Pour cela, que faut-il? Écrire au pied de la statue de Pabu son titre glorieux : *un des Sept-Saints de Bretagne*, et mettre à la suite les noms des six autres avec ces mots: *apôtres et pères des Bretons d'Armorique*.

Qui pourrait dire que l'auréole de saint Pabu ne recevra pas un rayon de plus de ce glorieux entourage ?

.

Me sera-t-il permis de présenter quelques objections à des renseignements récemment publiés à propos des Sept-Saints de Bretagne et de leur pèlerinage?

Aux fêtes de Vannes un brillant orateur a célébré les Sept-Saints de Bretagne. Il a dit: « La Bretagne entière, celle de Cornouaille et de Domnonée, comme celle du Broërec, dans une appellation touchante, les nommait *les Sept-Frères*(1). » — Est-bien exact ?

Il serait intéressant de trouver ce titre de *Sept-Frères* dans une pièce quelconque contemporaine du pèlerinage. A-t-on vu cette pièce et quelle est-elle ?

Pour mon compte, je n'ai vu le titre de *Sept-Frères* donné qu'aux Sept-Saints de Brest, Locmaria-an-Hent, le Vieux-Marché et aux Sept-Saints de quelques légendes. Mais ces Sept-Saints ne sont pas nos Sept-Saints de Bretagne.

A Brest et à Locmaria, les Sept-Saints sont les Sept-Frères martyrs, fils de sainte Symphorose ou de sainte Félicité

---

(1) Avant même le discours de Vannes on lisait dans une *Semaine religieuse* cette phrase plusieurs fois réimprimée : « Les Sept-Frères, appellation charmante qui, dans sa simplicité naïve, marque avec une singulière énergie l'unité de la race et l'union des sept diocèses. Ils ne font qu'une seule famille ».

Romaine ; au Vieux-Marché, ce sont les Sept-Frères Dormants d'Éphèse.

Quant aux Sept-Saints des légendes, on les nomme Sept-Frères, parce qu'on les croit frères. A Kergrist-Neuliac, les sept frères ont leur nom patronymique, Mérec ou Mairet ; abandonnés par une mère dénaturée, ils furent nourris dans un bois par une chèvre ou une biche. — A Erdeven, ce sont sept fils nés d'une même couche. La mère, dénuée de ressources, en garde un et condamne à la mort les six autres que leur père sauve. — Vers l'Oust, ce sont les fils d'une reine d'Irlande (1), plus cruelle encore que la pauvre mère d'Erdeven. — A Yffiniac, ce n'est plus la mère, c'est un père égaré par la jalousie qui noie ses sept fils enfants.

Dans certains lieux, même ne gardant plus le nom de *Sept-Saints*, il est question de sept frères. Exemples : à l'embouchure de la Rance, on nomme sept frères venus, dit-on, d'Angleterre. Ce sont les patrons de sept paroisses voisines : un d'eux fut évêque, c'est saint Malo (2). — A Saint-Cast, les sept frères sont les fils de sainte Blanche, originaire, dit-on, de la paroisse, qui tous devinrent évêques.

On le voit, si dans ces divers lieux le souvenir plus ou moins altéré de nos vrais Sept-Saints de Bretagne subsiste, personne en nommant les *Sept-Frères* ne songe aux sept saints Corentin, Paul, Tugdual et les autres.

Autre inexactitude. L'orateur a dit à Vannes : « Le chemin que parcouraient les pèlerins côtoyait le littoral ; à chaque moment, ils se trouvaient en face de l'Océan, et ils entendaient sa voix qui les accompagnait toujours (3) ». — Erreur. Prenez une carte de Bretagne, et, avec son fidèle amiral de Penhoët, suivez le duc Jean V. Partant de Vannes, vous verrez pour la première fois la mer à Saint-Malo, vous la

---

(1) Souvenir des Sept-Saints venus de grande Bretagne. De même en ce qui suit.

(2) L'amour-propre local a ajouté un huitième nom à la liste primitive : Saint-Servan.

(3) « .... tantôt douce comme les chants de leur pays, tantôt formidable comme les bruits tumultueux de la tempête, mais exhalant toujours, comme l'âme du peuple qui habite ses bords, une plainte d'une tristesse infinie. » Phrase harmonieuse.... mais non historique.

reverrez au fond de la baie de Saint-Brieuc ; mais vous ne la côtoierez qu'à *la lieue de Grève*, entre Tréguier et Morlaix, Et encore à une condition : c'est que le duc choisisse cette route. Il est possible qu'il prenne la voie de Tréguier à Carhaix, passant devant la chapelle des Sept-Saints (aujourd'hui Vieux-Marché) et coupant plus loin la voie de Guingamp à Morlaix, qui le conduira à St-Pol-de-Léon (1). Là vous apercevrez de loin la mer, et vous lui ferez vos adieux.

Dans un compte-rendu des fêtes de Vannes, un journal a écrit : « L'église de saint Patern était la 7ᵉ et dernière station du pèlerinage qui commençait à St-Corentin de Quimper. » — Erreur certaine. L'erreur a été corrigée ; mais j'ai lu ailleurs : « Il est probable que le point de départ était le tombeau de saint Patern. Les pèlerins prenaient par l'ouest... La dernière station devait être saint Samson de Dol ». Et ailleurs. « Le pèlerinage commençait par Dol », pour finir apparemment à saint Patern. » — Imaginations !

Nous avons sur ce point deux indications précieuses.

Un jour, saint Yves sortant de Tréguier et se rendant à Kermartin, sur le chemin de Lannion, fit route avec deux femmes partant en pèlerinage (2). Ces femmes allaient donc de Tréguier à Saint-Pol-de-Léon, à l'encontre des pèlerins qui seraient partis de Quimper.

Le duc Jean V suivit l'itinéraire dans le même sens. Il partit du château d'Auray pour Saint-Patern, et de là il passa à Dol, Saint-Malo, etc., pour finir par Quimper (3).

Ne concluez pas de là que le voyage dût nécessairement être fait en ce sens. Il est certain que l'usage devait être pour chaque pèlerin de visiter une des stations les plus voisines de sa demeure, en partant dans un sens ou dans l'autre ; autre-

---

(1) Cette route, un peu plus longue, pourrait être suivie de préférence. Outre la chapelle des Sept-Saints (en Vieux-Marché) on trouve sur la voie de Guingamp à Morlaix la belle chapelle (ancienne aumônerie) de Keramanac'h (Plounevez-Moëdec).

(2) Bolland. IV mai, nᵒ 13, p. 555.

(3) Cf. *Itinéraire de Jean V. Lettres et Mandements de Jean V*. Tome Iᵉʳ, p. CXIX.

ment, même ayant visité les sept églises, il n'aurait pas *fait le tour de Bretagne*. Exemple :

Suivez ce pèlerin sortant de sa maison à St-Malo et obligé de commencer par Quimper. Il prend l'ancienne voie d'Alet (St-Servan) à Carhaix se continuant jusqu'à Quimper. C'est sa route la plus courte. Il visite les saints Corentin, Pol, Tugdual, Brieuc, Malo. Le voilà revenu chez lui ; mais le pèlerinage n'est pas accompli. Notre malouin repart pour Dol, puis se rend à Saint-Patern, d'où il revient chez lui par la voie de Saint-Jean-Brévelay, La Trinité et Dinan (1).

Et après les marches et contre-marches qui ont vainement allongé sa route de 45 de nos lieues, il n'a pas fait le *Tro-Breiz, le tour de Bretagne ;* en effet, il n'a pas parcouru le trajet de Vannes à Quimper.

.**.

Pour finir, me permettrez-vous une critique sur un point du monument élevé à Vannes ?

J'ai lu dans la description de ce monument que les Sept-

---

(1) En prenant le raccourci, le « chemin *paré pour les pèlerins* », signalé par Lobineau. (*Hist.* Préface, e, v° et page 538). J'avais compté pour le *Tro-Breis*, environ 550 kilomètres à vol d'oiseau soit 137 de nos lieues de 4 kil. et 100 lieues de Bretagne de 4,808 mètres, en nombre rond, 5 kil., savoir :

De Quimper à Saint-Pol............................	90 kil.
De Saint-Pol à Tréguier...........................	70
De Tréguier à Saint-Brieuc........................	50
De Saint-Brieuc à Saint-Malo......................	70
De Saint-Malo à Dol...............................	25
De Dol à Vannes...................................	135
De Vannes à Quimper..............................	110
	550 kil.

Qu'on suppose un pèlerin de Saint-Malo contraint de commencer le pèlerinage à Quimper, il lui faudra faire, pour se rendre à Quimper, 170 kil. Il ira à Saint-Pol, Tréguier, Saint-Brieuc, reviendra à Saint-Malo, repartira pour Dol et Vannes ; d'où il rentrera chez lui, en faisant 125 kil. Dans ces deux courses de Saint-Malo à Quimper, de Vannes à Saint-Malo, il a fait 295 kil. en dehors du *Tro-Breis*. Il n'a pas fait, il est vrai, le trajet de Vannes à Quimper, 110 kil. Retranchons-le de 295, il reste un parcours de 185 kil. fait en plus des 550 du *Tro-Breis*, soit 730. 182 lieues actuelles au lieu de 137. Trajet de 45 lieues fait en pure perte, puisque le pauvre malouin, n'allant pas de Vannes à Quimper, n'a pas fait le *Tro-Breis*.

Saints étaient figurés portant la crosse d'évêque. Au temps du pèlerinage, on n'eût pas manqué de représenter saint Samson portant la croix archiépiscopale et paré du pallium comme métropolitain. En preuve, voyez l'image publiée en 1514 par notre vieil Alain Bouchard, contemporain du pèlerinage (1).

Les successeurs des six autres saints se sont reconnus suffragants des successeurs de saint Samson, et les pèlerins des Sept-Saints ont salué en saint Samson le métropolitain de Bretagne.

Il est bien vrai que, après trois siècles de luttes, le procès entre Tours et Dol a été jugé contre Dol en 1199. Mais la sentence du pape Innocent III fut-elle unanimement acceptée en Bretagne? (2) En tout cas, les évêques de Dol ne renoncèrent pas aux signes extérieurs de leur ancienne dignité. Trois siècles après la sentence de 1199, en 1492, le pape Alexandre VI accordait à l'évêque de Dol, Thomas Jaimes, pour lui et ses successeurs, la permission de faire porter devant eux, dans leur diocèse, la croix archiépiscopale et de figurer le pallium sur leurs armes. Cent ans plus tard, au temps de d'Argentré, les évêques de Dol usaient encore de cette faculté (3).

La croix archiépiscopale dans la main de saint Samson et le pallium sur ses épaules auraient rappelé ces lointains souvenirs, et auraient reporté à la date où commença le pèlerinage.

Ai-je besoin de le dire? Ces observations qu'on pourra trouver minutieuses n'ont qu'un but : faire que le souvenir de nos Sept-Saints de Bretagne, si heureusement ravivé, demeure *rigoureusement* historique.

---

(1) *Grandes Chroniques de Bretagne.* On peut voir cette planche reproduite en deux endroits de l'édition des Bibliophiles bretons, notamment f° 37 r°.

(2) On peut répondre que non. En preuve : Alain Bouchard écrit (en 1511): — « En Bretagne, il y a neuf sièges cathédraux dont l'un, Dol, est de long et ancien temps archevêché.... » Un siècle plus tard (1612), le cosmographe Mercator copie la phrase de Bouchard ; en sorte que quatre cents ans après la sentence condamnant Dol, on signalait encore Dol comme archevêché !

(3) D'Argentré en témoigne. *Hist.* f° 205. Ed. de 1588. — V. aussi D. Morice, Epitaphe de Thomas Jaimes. *Hist.* II, p. LXIX et suiv.

.•.

Un dernier mot, un dernier vœu.

Écrivant à Châteaulin — où je voudrais bien être, — qu'il me soit permis de dire un mot de Quimper — que je regrette toujours.

On a vu plus haut que la cathédrale de Quimper a été la première, en ce siècle, à renouveler le souvenir des Sept-Saints. On a vu aussi qu'avant le siècle elle avait mieux qu'une *memoria* : un autel dédié aux Sept-Saints de Bretagne.

Lobineau, qui avait vu cet autel par les yeux d'un homme docte, probablement religieux, le décrit ainsi : « On voit encore dans l'église de Quimper, au côté méridional de la porte du chœur, un ancien autel dédié aux *Sept-Saints*, où ces sept évêques sont dépeints avec leurs attributs tirés de leurs principaux miracles et leurs noms au bas, qui sont saint Paul, saint Corentin, saint Tugdual, saint Patern, saint Samson, saint Brieuc et saint Malo (1707) (1) ».

Cent soixante-dix ans plus tard, un érudit quimpérois, dans une savante monographie de la cathédrale, complétait ainsi la description publiée par Lobineau (2) :

« On voit encastrée dans le pilier qui forme à droite l'entrée du chœur, pilier contre lequel l'autel des Sept-Saints était appuyé, un piédestal surmonté d'un dais sur lequel les reliques de saint Corentin devaient être exposées pendant la durée du pèlerinage des Sept-Saints.

« Dans une niche au-dessus de ce piédestal était la statue de saint Paul. C'est à cette circonstance que cet autel doit le nom de « chapelle de Monsieur saint Paul » qui lui est donné dans un titre du XVIᵉ siècle (1570) ».

Lobineau dit à la fin du XVIIᵉ siècle que cet autel était « ancien ». Il n'est pas vraisemblable que l'autel ait été consacré depuis la cessation ou même depuis la décadence du pèlerinage, c'est-à-dire au cours du XVIᵉ siècle. Il est permis de croire que l'autel était contemporain du pilier

---

(1) *Hist.* Préface 1ᵉ é r. — Les sept ne sont pas rangés dans l'ordre géographique (si l'expression est permise). L'historien donne sans doute l'ordre dans lequel ils étaient figurés sur leur autel.

(2) *Monographie*, par Le Men, nᵒ 110, p. 192 (et 189 pour la date 1570).

contre lequel il était appuyé. Or, le pilier a dû être construit au milieu du XV⁰ siècle, et le dais encastré au pilier et ayant fait partie de l'autel porte l'empreinte de cette époque. L'autel des Sept-Saints avait donc vu les pèlerins des XV⁰ et XVI⁰ siècles agenouillés devant les reliques de saint Corentin.

La description donnée par Lobineau ainsi complétée nous permet de nous figurer l'autel : l'image de saint Paul était placée au sommet et les images des six autres au-dessous, sans doute trois d'un côté, trois de l'autre.

Lobineau dit que les Sept-Saints étaient *dépeints ;* mais il ne faut pas prendre ce mot au sens propre, qui est *peints ;* Il faut le prendre au sens de *représentés.* Au XV⁰ siècle, on ne peignait guère que sur verre, et d'ailleurs un tableau ne se place pas dans une niche ; saint Paul était donc figuré non en peinture, mais en statuette. De même sans doute des autres.

Chacun était *dépeint* avec son attribut, sa *caractéristique,* détail que ne donne pas la vieille image de Bouchard. Mais saint Samson portait-il la croix archiépiscopale et le pallium, comme dans cette image ? Il semble bien que non, puisque Lobineau ne le dit pas. La date de la construction de l'autel peut expliquer l'absence de ces attributs.

Le vénérable autel gardant encore le vocable des Sept-Saints ou ayant pris le nom de saint Corentin, célébré par le P. Maunoir, subsista jusqu'au sac de la cathédrale, le jour de saint Corentin (jour bien choisi !) 12 décembre 1793. Les *images* des Sept-Saints disparurent avec les autres statues de bois pour être solennellement brûlées le lendemain « en présence des autorités constituées et de la garde nationale en armes et drapeau déployé (1) ». Cette fête civique était l'approbation officielle de l'orgie sacrilège de la veille.

Ne peut-on espérer voir un jour l'antique autel rétabli dans la cathédrale de Quimper ?... Nous ne disons pas à la place qu'il occupait ; mais à peu de distance, dans le bas-côté

____

(1) Le lendemain (23 frimaire-13 décembre), « les autorités constituées, même la garde nationale, drapeau déployé, assistaient en corps au brûlis des pagodes prétendues sacrées », traduisez des statues de saints arrachées la veille aux églises de la ville. Dél. du Comité de surveillance (14 juin 1791) prise à la demande de Dagorne, l'immonde héros de la *fête* de la veille.— *7e Comité révolutionnaire de Quimper,* par J. Trévédy, p. 49-50, 110-111.

voisin. Il y a, entre la chapelle Sainte-Anne et la chapelle du transept, une travée bien plus étroite que les autres, qui n'a plus de chapelle (1). Un autel des *Sept-Saints de Bretagne* serait là très bien placé. Le voisinage de l'ancien autel semble marquer la place du nouveau.

Dans trente années du siècle qui finit, de 1854 à 1885, de la construction des flèches à la restauration de la chapelle absidale, beaucoup de travaux et des plus heureux ont été accomplis dans votre belle église. Le rétablissement d'un autel des *Sept-Saints de Bretagne* couronnerait dignement à Saint-Corentin l'œuvre du XIX⁰ siècle.

Ce n'est pas tout... Chose à peine croyable, dans l'église construite par lui et qui garde ses reliques, saint Paul-Aurélien n'avait pas un autel ni même une statue ! (2) En 1897, cette omission a été réparée. Une chapelle a été dédiée à saint Paul, dans laquelle sont déposées ses reliques. Mais dans cette chapelle la statue du patron est seule, et rien ne rappelle qu'il est un des *Sept-Saints de Bretagne*.

Qu'il soit permis de rappeler le vœu formulé plus haut : qu'à l'exemple de la cathédrale de Quimper et de l'église Saint-Patern de Vannes, l'église de Saint-Pol-de-Léon ait une *memoria* sinon un autel des *Sept-Saints*. Associer les six autres à saint Paul dans sa chapelle, c'est augmenter les justes honneurs rendus à saint Paul.

La *Société archéologique* ne pourrait-elle soumettre respectueusement ce double vœu à son Président d'honneur, Mgr l'Évêque de Quimper et de Léon, successeur de cinq de nos Sept-Saints de Bretagne, les saints Corentin, Paul-Aurélien, Tugdual, Patern et Samson ?

---

(1) C'est la travée n⁰ 15, *Monographie de la Cathédrale*, p. 114. — Il y a là aujourd'hui un confessionnal qui ne sera pas moins bien placé ailleurs.

(2) L'absence d'une statue de saint Paul-Aurélien était signalée en 1861 (*Itinéraire de Rennes à Brest*, p. 372), par Pol de Courcy, qui a tant travaillé aux réparations de la cathédrale de Saint-Pol.

Ainsi à Rennes, saint Melaine, le conseil écouté de Clovis, le président du concile d'Orléans, d'où sortit la fondation de la France, n'a, dans l'église bâtie sur son tombeau, ni autel ni statue. « Scandaleuse ingratitude ! » dit avec raison M. de la Borderie. (*Histoire de Bretagne*, I. p. 331 note 4 et p. 532 note 1).

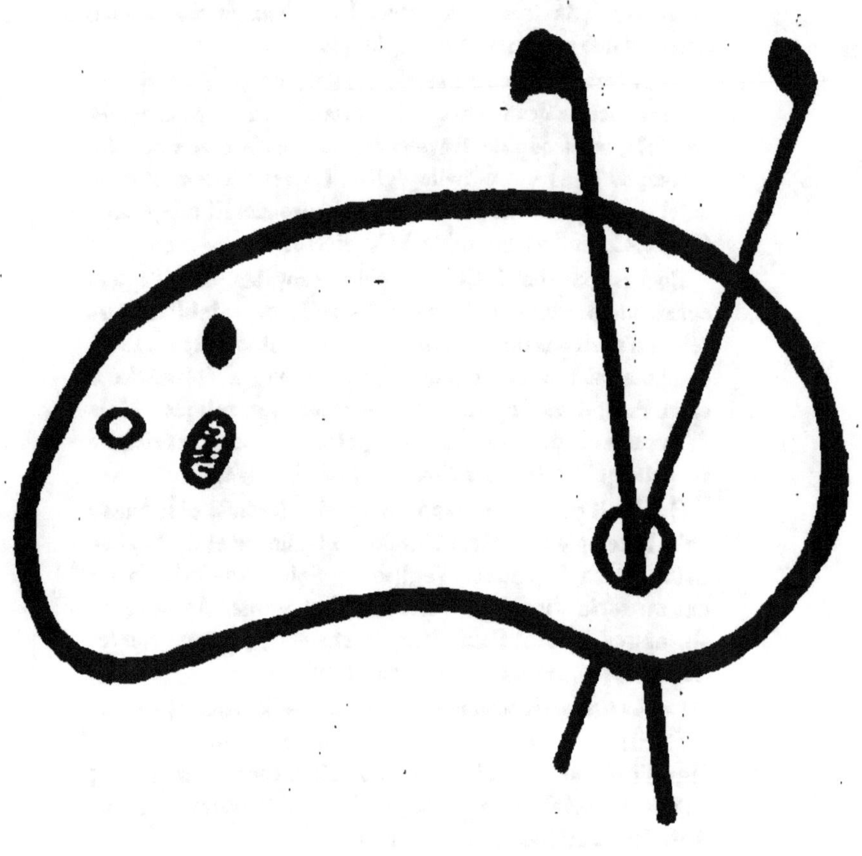